Books so fun you'll pee your pants!™

Wacky Word Searches

kids
made you laugh!™

Editorial Director: Erin Conley
Designers: Hallie Warshaw and Tanya Napier/Orange Avenue™
Special thanks to Suzanne Cracraft, Maria Llull, Jeanette Miller and
Nancy Spector for their invaluable assistance!

ISBN 1-57528-926-1

TABLE OF CONTENTS

WACKY WORD SEARCHES

INTRODUCTION

I love kids. I grew up with kids. I spend my free time with kids. Heck, I still *am* a kid! Where you find kids, you'll find laughter and this book is no exception. I created this book especially for all you great kids out there, so you too can learn firsthand the meaning of the phrase, *I laughed so hard I peed my pants*. (Ha, ha—you know what I mean!)

That's the theme and the goal of this book: to make you laugh, in brief(s). Inside, you'll find a batch of 35 funny, gross and wacky word searches that only a true kid can appreciate. I've saved my best for you, including knock-knock jokes, puns, toilet humor, tongue twisters, lame names, funny phrases and freaks of nature. I hope these puzzles make you laugh out loud, or as computer savvy kids would say, "LOL!"

—Cherie

This book is dedicated to Al and Sal, the wonderfully wacky parents who helped me grow up into such a great kid.

WACKY WORD SEARCHES

ANIMAL TALK

BEAR HUG

BEELINE

BIRDBRAIN

BLACK SHEEP

BULLDOZER

BULLPEN

CASH COW

CATWALK

COPYCAT

DEAD DUCK

HOT DOG

JAILBIRD

MONKEY BUSINESS

PIGGYBACK

PUPPY LOVE

SAWHORSE

SCAPEGOAT

STOOL PIGEON

```
M  E  U  F  T  A  C  Y  P  O  C  K  B  K  W
O  Q  N  J  P  M  A  C  A  S  H  C  O  W  B
N  P  H  F  E  V  O  L  Y  P  P  U  P  I  I
K  L  V  G  E  V  A  A  B  C  N  D  I  P  E
E  S  R  O  H  W  A  S  E  O  J  D  F  C  A
Y  V  G  B  S  C  A  P  E  G  O  A  T  K  B
B  L  D  U  K  U  P  G  L  U  O  E  F  U  X
U  I  Q  L  C  T  I  T  I  H  N  D  L  C  I
S  T  R  L  A  P  G  O  N  R  C  L  T  F  E
I  K  N  D  L  D  G  B  E  A  P  U  A  O  C
N  R  J  O  B  T  Y  U  T  E  T  T  J  R  H
E  P  O  Z  A  R  B  W  N  B  L  Q  N  E
S  T  N  E  Z  J  A  I  L  B  I  R  D
S  M  I  R  V  L  C  I  C  Y  Y  H
M  L  I  B  K  I  K  E  N  Q  N
```

7

BOYS WILL BE BOYS

BILL NYE

BING AND BONG

CATDOG

CHUCKY

CODY BANKS

ED, EDD 'N EDDY

JIMMY NEUTRON

LOUIS STEVENS

MICKEY MOUSE

MR. WHISKERS

NEMO

SCOOBY DOO

SHAGGY

SHREK

SPONGEBOB

STITCH

TOM AND JERRY

TOMMY

```
G  L  Y  K  B  L  I  M  P  S  X  V  R  Z  N
E  E  R  K  D  Z  G  E  Y  N  L  L  I  B  A
Q  J  T  B  Q  E  O  Y  S  J  Q  E  I  G  T
B  L  O  U  I  S  S  T  E  V  E  N  S  H  O
T  O  M  M  Y  C  A  T  D  O  G  V  P  T  M
K  O  A  S  C  O  D  Y  B  A  N  K  S  Y  E
T  D  N  J  I  M  M  Y  N  E  U  T  R  O  N
G  Y  D  D  E  N  D  D  E  D  E  W  R  T  Y
X  B  J  W  L  J  B  O  B  E  G  N  O  P  S
L  O  E  S  U  O  M  Y  E  K  C  I  M  Z  O
S  O  R  Y  N  K  O  Y  G  G  A  H  S  W  P
P  C  R  G  M  R  W  H  I  S  K  E  R  S  S
R  S  Y  K  C  U  H  C  T  I  T  S  B
S  H  R  E  K  K  A  Q  U  M  D  M
```

BUTTER, BUGS & BEARS

Try reading each column out loud from top to bottom as fast as you can before you start your search. Now, do it again. And again. And again! Faster!

BETTY	BIG
BOTTER	BLACK
BOUGHT	BUGS
A BUCKET	BITE
OF BUTTER	BROWN
BUT	BEARS
SHE SAID	BUTTS
THIS BATCH IS	BRINGING
BITTER.	BOO BOOS.

```
A  A  W  H  R  R  M  O  Z  S  D  U  E  Y  E
M  B  E  B  K  U  X  C  A  L  Q  W  Q  T  H
B  S  E  B  U  B  G  D  I  Y  O  T  I  T  U
C  G  N  Y  L  P  V  M  Z  G  H  B  H  E  R
Z  D  A  W  X  B  G  N  I  G  N  I  R  B  Z
U  V  A  V  O  K  P  B  U  G  S  T  T  U  B
B  O  T  T  E  R  A  O  F  B  U  T  T  E  R
Y  Q  B  W  E  J  B  L  A  C  K  E  S  M  U
C  J  L  U  A  K  Q  T  B  S  E  R  R  H  L
M  K  W  X  U  G  C  X  O  H  A  B  I  H  M
Z  K  M  F  A  H  I  U  O  E  V  K  J  O  I
L  Q  D  P  I  Y  M  J  B  S  Z  F  B  Y
O  M  X  S  B  A  E  Y  O  A  L  H  O
U  L  X  V  Z  W  J  U  O  I  E  D
Z  D  T  K  Q  J  O  U  S  D  H
```

WACKY WORD SEARCHES

A DOSE OF GROSS

BACTERIA

BILE

BLACKHEAD

BOILS

DANDRUFF

FART

FUNGUS

GERMS

LICE

MAGGOTS

MOLD

MUCUS

PHLEGM

PUS

RASH

SNOT

WARTS

ZITS

```
V  G  F  G  L  C  M  O  O  O  M  S  L  V  U
B  H  W  F  D  K  H  R  O  X  U  M  M  M  J
C  K  C  N  U  T  A  A  N  P  C  P  B  H  K
P  G  J  W  A  R  T  S  M  K  U  Y  O  P  F
P  V  C  R  X  I  D  H  D  I  S  L  I  C  E
C  H  E  S  P  Q  R  N  W  F  T  H  L  X  N
P  B  L  A  C  K  H  E  A  D  O  I  S  G  Q
O  O  I  E  X  Z  U  O  T  D  G  U  M  W  O
P  R  B  O  G  C  U  K  U  C  G  Q  R  K  F
N  Z  U  L  E  M  O  L  D  N  A  X  E  F  O
O  P  Q  F  H  F  B  X  U  P  M  B  G  O  O
B  V  S  E  J  V  W  F  V  B  S  T  I  Z
R  A  H  X  O  W  Z  A  V  N  V  Q  O
V  Y  V  D  O  Z  F  R  O  L  U  L
I  A  A  T  K  L  C  T  C  U  P
```

EEK!

BEETLE

BLEEP

CREEPERS

CREEPY

EEL

GEEK

GOATEE

JEEPERS

PEE

PEEK-A-BOO

SEEKER

SHEEP

TWEEDLE DEE

TWEETY

WEE WEE

WHEEDLE

YANKEE

ZIP-A-DEE

L	X	D	V	E	Z	M	R	R	I	A	G	N	V	T
B	R	M	G	D	I	N	T	Y	R	O	D	Z	G	R
J	Y	L	Z	D	D	H	S	Q	A	G	G	N	E	C
Z	A	L	A	C	G	S	E	T	X	S	P	C	R	E
I	P	X	H	L	R	R	E	H	Y	W	U	L	W	Z
G	S	U	T	P	E	E	K	A	B	O	O	W	C	U
L	T	M	B	W	W	P	E	K	L	E	M	R	G	M
Y	A	N	K	E	E	E	R	P	E	X	E	W	B	Q
C	N	Q	E	E	D	E	L	D	E	E	W	T	Z	X
F	L	W	H	A	J	J	T	L	P	R	G	G	L	T
M	X	S	P	D	V	P	D	Y	W	E	S	K	Q	E
R	U	I	H	E	E	E	X	D	O	N	H	P	S	
Z	Z	A	S	M	E	T	T	E	T	S	I	V		
S	H	P	R	H	V	D	D	K	D	L	V			
S	R	X	W	H	E	M	H	D	B	M				

WACKY WORD SEARCHES

FINDING WHO?

ANEMONE

BRUCE

DORY

"DARLA!"

"DUDE!"

"FISH ARE FRIENDS"

GILL

"HEEERRRE'S BRUCIE!"

LUCKY FIN

"MADE ME INK!"

MARLIN

MEMORY LOSS

"MINE! MINE!"

NEMO

"P. SHERMAN"

SHARK BAIT

SYDNEY

"VOILA! HE IS CLEAN!"

```
N E E Q V Y S B J I Q C S I B
X I R A O N I P V S I B U X E
G C L L I G B O A S Z B D T Z
K U C R L K H S E O C O R E L
H R H A A O T L S L R U S I W
Y B K D H M N I F Y K C U L K
D S D N E I R F E R A H S I F
F E D C I M V E N O M E N A I
U R U P S E L N A M R E H S P
Z R D K C B M P Q E M A M Q G
B R E G L O A E H M C Q J J K
I E K Q E P S Y D N E Y Q O
G E X B A W R T X A N A C
E E P E N I M E N I M O
S H A R K B A I T D E
```

WACKY WORD SEARCHES

FREAKS OF NATURE

BEAKED SNAKE
BEARDED DRAGON
COWBIRD
CUCKOO
DODO BIRD
DWARF GOAT
FAIRY WREN
FLYING FISH
HAGFISH
LOON

MOUSEBIRD
NAKED MOLE RAT
POLECAT
POTBELLY PIG
SLIME HAG
SLOTH BEAR
SUGAR GLIDERS
WOODPECKER

```
U  N  S  J  S  F  I  C  U  C  K  O  O  A  C
H  U  O  C  X  W  O  O  D  P  E  C  K  E  R
F  T  A  O  G  F  R  A  W  D  G  X  K  K  F
T  A  C  E  L  O  P  P  K  R  E  A  E  S  A
D  R  I  B  E  S  U  O  M  I  N  Q  U  L  I
E  E  M  D  B  V  C  T  O  S  K  G  U  O  R
Z  L  J  R  W  B  D  B  D  T  A  O  B  T  Y
N  O  G  A  R  D  D  E  D  R  A  E  B  H  W
C  M  A  M  O  B  K  L  G  H  Z  E  Z  B  R
O  D  H  S  Z  A  A  L  H  L  Y  N  U  E  E
W  E  E  B  E  S  I  Y  B  T  W  U  V  A  N
B  K  M  B  I  D  D  P  E  Q  J  H  Z  R
I  A  I  P  E  D  R  I  B  O  D  O  D
R  N  L  R  U  H  A  G  F  I  S  H
D  H  S  I  F  G  N  I  Y  L  F
```

FUNNY PHRASES

Search for the words listed in all CAPS.

BEE in your bonnet?

CAT got your tongue?

CHICKEN scratch

Don't RAT on me!

FROG in your throat?

Get off your high HORSE!

I'll be a MONKEY'S uncle!

I'm in the DOGHOUSE!

I'm living in a FISHBOWL.

Let sleeping DOGS lie.

LOOK at what the cat dragged in!

The cat that swallowed the CANARY.

The cat's out of the BAG!

The FUR is going to fly!

When PIGS fly!

Your FLY is down!

You're a stool PIGEON!

You're BARKING up the wrong tree.

```
G  D  Z  Y  M  E  A  E  L  Y  Z  C  I  K  R
D  O  K  E  W  O  J  E  U  B  G  X  A  Y  J
K  T  H  C  C  I  R  F  R  N  L  A  R  E  E
C  E  H  M  W  T  H  C  Q  M  G  B  V  E  K
V  S  Y  K  K  P  F  L  Y  D  S  D  S  N  S
G  F  E  T  E  F  U  T  K  N  I  U  L  C  C
V  F  P  S  B  Q  R  Y  N  K  O  X  H  K  R
A  C  K  O  O  L  W  O  B  H  S  I  F  A  J
D  P  E  L  L  Y  E  H  G  E  C  A  T  J  D
F  N  Z  A  D  G  M  O  N  K  E  Y  S  Y  J
D  C  R  O  I  S  D  W  E  O  E  S  R  O  H
O  I  Q  P  P  X  G  N  I  K  R  A  B  B
P  N  I  U  Z  D  W  O  G  D  N  B  O
Y  G  G  C  Y  H  B  A  D  A  Q  H
S  X  V  X  P  B  H  B  C  N  B
```

WACKY WORD SEARCHES

GATORADE AND TAFFY

Try reading each column out loud from top to bottom as fast as you can before you start your search. Now, do it again. And again. And again! Faster!

GOOFY

GRAY

GEESE

GLADLY

GULP

GATORADE®

AND GRAZE

ON THE GLORIOUS

GREEN GRASS.

THREE

TWO-TOED

TAP DANCING

TREE

TOADS

TIPTOED

THROUGH

THE TERRIFIC

TAFFY ON TUESDAY.

```
D  O  W  R  Q  Q  A  T  S  G  X  C  T  T  D
X  Q  O  X  Z  P  L  D  U  F  S  I  A  F  X
X  V  Q  P  V  S  A  V  O  Z  Y  F  P  B  S
R  L  G  V  C  O  V  U  I  K  F  I  D  S  P
O  Z  Y  L  T  A  Z  O  R  Y  O  R  A  X  A
Z  J  C  R  I  T  N  T  O  C  O  R  N  R  F
P  C  E  W  P  X  H  N  L  T  G  E  C  Z  Z
O  E  Z  X  T  R  T  R  G  N  K  T  I  K  A
K  T  A  F  O  U  G  G  E  E  S  E  N  Q  R
Y  G  R  U  E  D  U  E  H  E  J  H  G  V  C
M  L  G  S  D  L  R  Z  T  W  O  T  O  E  D
U  H  D  R  P  G  X  H  N  W  M  Q  W  W
R  A  N  A  A  G  A  T  O  R  A  D  E
Y  I  A  L  L  Y  S  O  G  T  L  O
V  X  J  N  V  G  E  P  F  O  R
```

GO FIGURE ...

Search for the words listed in all CAPS.

What do you call a cat with a clock?
PURRFECT TIMING

What's a frog's favorite drink?
CROAKA-COLA

What do you call a lover of hot chocolate?
COCOANUT

What do you call a pig jumping into a fan?
PORK CHOP

What do you call a rabbit having a bad day?
UNHOPPY

What do you call a snake that bakes?
PIE-THON

What's a snake's favorite sport?
SNAKEBOARDING

What do you call a shark that throws snowballs?
FROSTBITE

What's a snowman's favorite cereal?
FROSTED FLAKES

What do you call a traveling turtle?
TOUR-TOISE

What do you call a tree with a hand?
PALM TREE

What's a tree's favorite drink?
ROOT BEER

What's a turtle's favorite type of aircraft?
SHELLICOPTER

What do you call a vacation for married rabbits?   BUNNYMOON

What do you call a vampire's dog?
BLOODHOUND

What's black, white and read all over?
NEWSPAPER

What do you call an operation for rabbits?
HOPERATION

What's the right time to see a dentist?
TOOTH HURTY

```
C  R  E  T  P  O  C  I  L  L  E  H  S  G  R
G  J  Z  I  F  S  C  J  P  B  S  P  N  R  E
D  M  P  E  Y  E  R  E  A  E  Q  I  A  E  E
C  N  T  T  P  K  O  S  L  T  M  E  K  P  B
V  O  U  O  P  A  A  I  M  I  Q  T  E  A  T
K  O  N  O  O  L  K  O  T  B  X  H  B  P  O
P  M  A  T  H  F  A  T  R  T  X  O  O  S  O
O  Y  O  H  N  D  C  R  E  S  L  N  A  W  R
H  N  C  H  U  E  O  U  E  O  A  Z  R  E  H
C  N  O  U  F  T  L  O  Y  R  V  M  D  N  E
K  U  C  R  K  S  A  T  L  F  J  I  I  S  C
R  B  R  T  S  O  Z  O  T  B  L  N  N  K
O  U  Z  Y  X  R  Z  W  V  J  Z  U  G
P  T  Q  O  D  F  H  K  B  X  M  I
N  O  I  T  A  R  E  P  O  H  P
```

WACKY WORD SEARCHES

GO BERSERK!

BALLISTIC

BATTY

BERSERK

BONKERS

CUCKOO

FLIP YOUR LID

FLIPPIN'

FRANTIC

FRUITY

HAYWIRE

ILLIN'

IN A TIZZY

KOOKY

OFF YOUR ROCKER

RAGIN'

SPAZZIN'

THROUGH THE ROOF

UNHINGED

```
O  T  Z  K  F  E  G  P  V  W  E  C  S  C  H
U  F  O  O  R  E  H  T  H  G  U  O  R  H  T
D  G  F  E  R  C  H  S  D  O  F  S  B  D  S
A  L  R  Y  U  F  U  N  H  I  N  G  E  D  U
U  M  A  Q  O  B  A  L  L  I  S  T  I  C  O
Z  N  G  E  C  U  K  O  O  U  L  K  Z  I
F  I  I  V  R  S  R  I  S  M  R  K  K  K  Q
A  L  N  Z  I  I  Z  R  T  U  K  R  U  X  L
G  L  I  Y  Z  N  W  B  O  N  K  E  R  S  Z
O  I  C  P  L  A  A  Y  X  C  A  S  T  S  V
C  J  P  Y  P  T  P  W  A  K  K  R  G  D  G
T  J  G  C  T  I  Y  S  O  H  U  E  F  V
G  P  X  Y  L  Z  N  O  R  T  B  B  R
I  I  F  F  E  Z  K  S  F  T  N  R
F  R  U  I  T  Y  T  Y  Z  N  U
```

GOTTA GO, GOTTA GO, GOTTA GO!

DO YOUR BUSINESS

DO YOUR DOODIE

DOO DOO

GET BUSY

GO POOPIE

GO POTTY

GO TO THE
BATHROOM

GOTTA GO

GOTTA SEE JOHNNY

LITTLE BOY'S ROOM

NUMBER ONE

NUMBER TWO

PEE PEE

TAKE A TINKLE

TINKIE WINKIE

TOILET

THE POWDER ROOM

WEE WEE

B	P	F	J	J	G	C	M	J	C	D	Q	U	Z	G
N	S	T	H	E	P	O	W	D	E	R	R	O	O	M
D	S	E	L	K	N	I	T	A	E	K	A	T	U	W
G	E	I	D	O	O	D	R	U	O	Y	O	D	N	E
Y	N	N	H	O	J	E	E	S	A	T	T	O	G	E
E	I	Q	I	R	F	J	T	O	H	D	N	X	E	W
E	S	E	I	K	N	I	W	E	I	K	N	I	T	E
P	U	Z	M	N	U	M	B	E	R	O	N	E	B	E
E	B	G	O	T	T	A	G	O	R	D	R	E	U	N
E	R	X	O	W	T	R	E	B	M	U	N	G	S	U
P	U	U	D	H	V	T	G	O	P	O	T	T	Y	Y
M	O	O	R	S	Y	O	B	E	L	T	T	I	L	
I	Y	O	T	O	I	L	E	T	R	L	Z	H		
G	O	P	O	O	P	I	E	F	Q	T	Q			
M	D	O	O	D	O	O	D	N	H	O				

HAVE YOU EVER SEEN A ...

BANANA SPLIT?

BOARD WALK?

BUTTER FLY?

CAR PET?

CAT FISH?

EAR RING?

EGG PLANT?

FISH BOWL?

HAIR SPRAY?

HORSE FLY?

ICE SCREAM?

NEEDLE POINT?

ROOT BEER FLOAT?

SODA POP?

TOE NAIL?

TOOTH BRUSH?

TUNA FISH?

TUNA MELT?

```
R  P  L  I  H  A  I  R  S  P  R  A  Y  D  Q
J  O  W  H  E  L  C  O  T  O  P  X  M  D  E
F  J  O  F  R  I  E  Z  W  P  K  F  B  W  E
J  A  B  T  B  A  S  Y  H  A  N  O  A  F  A
F  H  H  Z  B  N  C  Y  O  D  E  D  N  I  R
U  Z  S  S  O  E  R  L  R  O  E  O  A  F  R
E  Y  I  U  A  O  E  F  S  S  D  E  N  M  I
V  K  F  A  R  T  A  R  E  E  L  G  A  L  N
Z  V  H  Y  D  B  M  E  F  A  E  G  S  C  G
X  V  S  D  W  O  H  T  L  L  P  P  P  P  O
H  S  I  F  A  N  U  T  Y  F  O  L  L  N  C
I  A  F  W  L  R  S  U  O  X  I  A  I  K
R  Y  T  X  K  N  I  B  R  O  N  N  T
X  K  A  T  U  N  A  M  E  L  T  T
A  M  C  A  R  P  E  T  T  D  L
```

WACKY WORD SEARCHES

31

I SAY, I SAY, BOY!

Search for the words listed in all CAPS.

"ARRIBA!" (Speedy Gonzales)

"CAN WE FIX IT?"
(Bob the Builder)

"DESPICABLE!" (Daffy Duck)

"EXIT, STAGE LEFT!"
(Snagglepuss)

"HEY, BOO BOO!" (Yogi Bear)

"HEY, ROCKY!" (Bullwinkle)

"I YAM WHAT I YAM."
(Popeye)

"JANE!" (George Jetson)

"MEEP MEEP!" (Road Runner)

"RUHROH!" (Scooby-Doo)

"THAT'S ALL FOLKS!"
(Porky Pig)

"UH HUH, UH HUH" (Goofy)

"VAMANOS!"
(Dora the Explorer)

"WASCALLY WABBIT!"
(Elmer Fudd)

"WHAT'S UP, DOC?"
(Bugs Bunny)

"WHOA MOMMA!"
(Johnny Bravo)

"YABBA DABBA DOO!"
(Fred Flintstone)

"ZOINKS!" (Shaggy)

```
M  T  F  E  L  E  G  A  T  S  T  I  X  E  A
A  B  B  C  N  Z  O  I  N  K  S  N  E  W  R
Y  K  C  O  R  Y  E  H  B  L  E  V  G  M  T
I  W  H  A  T  S  U  P  D  O  C  J  E  S  K
T  N  R  O  Z  T  I  X  I  F  E  W  N  A  C
A  M  E  E  P  M  E  E  P  L  M  Y  A  W  R
H  E  Y  B  O  O  B  O  O  L  Q  X  B  H  U
W  A  S  C  A  L  L  Y  W  A  B  B  I  T  H
M  A  E  L  B  A  C  I  P  S  E  D  R  O  R
A  M  M  O  M  A  O  H  W  T  L  N  R  A  O
Y  O  O  D  A  B  B  A  D  A  B  B  A  Y  H
I  C  U  H  H  U  H  H  U  H  H  U  H  W  J
G  N  V  A  M  A  N  O  S  T  O  A  M
W  C  H  G  S  R  Y  Y  F  L  C  Q
E  Y  P  V  L  F  D  K  T  P  L
```

IT'S A GIRL THING

AMANDA BYNES

ANGELICA

BLUE

BRACEFACE

BRANDY

CADET KELLY

JESSICA SIMPSON

KIM POSSIBLE

LILO

LINDSAY LOHAN

LIZZIE MCGUIRE

MOESHA

POWERPUFF GIRLS

RAVEN

REN STEVENS

SABRINA

TAMERA

TIA

Y	N	J	L	Y	L	L	E	K	T	E	D	A	C	S
A	R	E	M	A	T	E	T	B	K	R	D	B	L	L
D	G	S	V	M	B	L	F	R	O	I	L	R	C	E
R	D	S	H	A	J	B	G	A	N	U	I	E	B	H
B	O	I	R	N	R	I	M	C	E	G	N	N	M	M
R	P	C	P	D	G	S	Z	E	F	C	D	S	I	B
A	D	A	C	A	E	S	E	F	D	M	S	T	E	C
N	C	S	L	B	E	O	U	A	G	E	A	E	C	N
D	V	I	I	Y	O	P	A	C	T	I	Y	V	O	U
Y	U	M	L	N	R	M	N	E	T	Z	L	E	T	N
H	T	P	O	E	J	I	I	V	K	Z	O	N	P	I
V	I	S	W	S	G	K	R	K	V	I	H	S	L	
C	V	O	R	I	F	N	B	L	T	L	A	S		
C	P	N	L	A	W	B	A	M	Z	J	N			
D	E	V	F	K	A	H	S	E	O	M				

IT'S HIP TO BE SQUARE(PANTS)

"AROUND TOWN!"

BIKINI BOTTOM

GARY

"HEY, SANDY!"

"I'M READY!"

"JELLYULICIOUS!"

KRABBY PATTIES

KRUSTY KRAB

"MEOW."

MR. KRABS

"OH, BARNACLES!"

"OH, TARTAR SAUCE."

"OHHHHHH. POOP."

PATRICK

PINEAPPLE HOUSE

"SKIDDLY-DIDDLY-DO!"

"SOAP, WHAT IS SOAP?"

SQUIDWARD

```
O  S  G  R  Q  N  J  A  E  B  M  E  O  W  H
D  H  G  A  R  Y  E  K  S  J  X  K  H  Q  L
Y  B  W  B  T  D  L  R  U  Y  C  O  T  N  Y
L  J  O  I  B  A  L  A  O  D  X  H  A  W  F
D  A  H  K  A  E  Y  B  H  N  S  H  R  O  Z
D  K  B  I  R  R  U  B  E  A  Q  H  T  T  O
I  H  A  N  K  M  L  Y  L  S  U  H  A  D  N
D  G  R  I  Y  I  I  P  P  Y  I  H  R  N  D
Y  P  N  B  T  G  C  A  P  E  D  H  S  U  O
L  P  A  O  S  S  I  T  A  H  W  P  A  O  S
D  K  C  T  U  W  O  T  E  B  A  O  U  R  B
D  J  L  T  R  V  U  I  N  K  R  O  C  A
I  R  E  O  K  I  S  E  I  M  D  P  E
K  Y  S  M  P  S  C  S  P  J  M  E
S  B  A  R  K  R  M  K  P  Q  L
```

IT'S RAINING CATS AND DOGS

CAT IN THE HAT	ASTRO
FELIX	BENJI
GARFIELD	BLUE
HEATHCLIFF	GOOFY
MORRIS	LASSIE
PINK PANTHER	ODIE
SYLVESTER	PLUTO
TIGGER	SCOOBY-DOO
TOP CAT	SNOOPY

```
N  C  F  X  H  K  Z  O  U  R  U  I  T  S  M
J  T  A  C  P  O  T  Q  T  J  X  V  O  M  C
Z  Y  C  T  N  B  P  S  I  I  U  U  O  D  X
G  A  R  F  I  E  L  D  X  B  G  R  P  Z  S
S  O  F  Z  A  N  U  U  F  H  R  G  Z  H  S
P  Y  L  E  Q  J  T  C  E  I  E  N  E  U  O
U  B  K  U  Y  I  O  H  S  L  H  A  M  R  W
Z  W  J  H  S  Y  L  V  E  S  T  E  R  D  J
Z  B  W  O  A  B  P  K  C  H  N  U  M  A  J
M  O  O  D  Y  B  O  O  C  S  A  S  T  R  O
K  X  E  I  S  S  A  L  K  X  P  T  Y  X  S
M  H  Y  E  Q  P  I  D  B  B  K  K  Z  H
U  Z  G  O  O  F  Y  P  O  O  N  S  S
A  M  D  N  F  B  X  F  E  L  I  X
K  L  N  A  Y  B  Y  U  O  Z  P
```

IT'S YOUR YUCKY DAY!

BACK HAIR

BELLY BUTTON LINT

CLAMMY PALMS

CRUSTY BOOGERS

DRAGON BREATH

EARWAX

EYE SNOT

FESTERING ZITS

GREASY HAIR

MUCK MOUTH

NAIL FUNGUS

PRICKLY SCABS

RUNNY NOSE

SMELLY FEET

STINKY PITS

TOE JAM

TONGUE FUR

YELLOW TEETH

```
Y  J  O  E  S  T  I  P  Y  K  N  I  T  S  N
D  R  A  G  O  N  B  R  E  A  T  H  Q  O  R
B  E  F  N  A  I  L  F  U  N  G  U  S  Z  I
A  Y  W  S  M  L  A  P  Y  M  M  A  L  C  A
C  E  M  D  C  N  M  U  C  K  M  O  U  T  H
K  S  R  E  G  O  O  B  Y  T  S  U  R  C  Y
H  N  F  E  S  T  E  R  I  N  G  Z  I  T  S
A  O  Z  T  F  T  O  E  J  A  M  D  C  W  A
I  T  L  B  R  U  F  E  U  G  N  O  T  T  E
R  P  R  O  F  B  E  S  O  N  Y  N  N  U  R
S  M  E  L  L  Y  F  E  E  T  Q  R  I  X  G
P  R  I  C  K  L  Y  S  C  A  B  S  Z  W
E  J  Y  E  L  L  O  W  T  E  E  T  H
X  A  W  R  A  E  Z  R  T  H  H  P
M  B  Z  Q  V  B  U  Y  D  P  T
```

KNOCK, KNOCK ...

Search for the words listed in all CAPS.

Who's There?

ATLAS. Atlas who?
Atlas, I'm here!

BARBIE. Barbie who?
Barbie Q!

BOO. Boo who?
Don't cry, it's just a joke.

CATCH. Catch who?
Bless you. Need a tissue?

DISHES. Dishes who?
Dishes the police, open up!

DWAYNE. Dwayne who?
Dwayne the bathtub, I'm dwowning!

JOE. Joe who?
Joe mama!

JUSTIN. Justin who?
Justin time!

LITTLE OLD LADY. Little old lady who?
I didn't know you could yodel.

MAJOR. Major who?
Major look!

NUNYA. Nunya who?
Nunya business!

OLIVE. Olive who?
Olive you!

ORANGE. Orange who?
Orange you glad to see me?

PEA. Pea who?
Pea you!

SEVEN. Seven who?
Seven ate nine.

THERESA. Theresa who?
Theresa green!

WHO. Who who?
What are you, an owl?

YAH! Yah who?
Yahoo! Let's party!

Q	Y	Z	R	P	I	R	I	N	K	P	X	I	Z	H
J	V	E	P	L	S	S	W	L	A	F	M	B	L	S
P	X	I	E	G	O	K	A	O	E	O	H	I	I	E
M	P	A	R	L	Z	E	O	L	W	L	T	H	K	N
Z	B	V	Z	J	S	B	L	I	V	T	O	C	I	I
D	U	P	J	M	Y	U	W	V	L	O	P	T	V	H
R	O	T	O	A	Z	T	H	E	R	E	S	A	Q	L
E	F	A	N	J	T	R	O	Q	I	U	Q	C	D	C
J	E	G	U	O	N	L	R	H	J	B	S	F	E	O
M	Q	Q	N	R	D	W	A	Y	N	E	R	N	Y	V
O	U	W	Y	L	I	L	N	S	R	P	E	A	X	W
O	S	F	A	A	S	G	G	X	K	O	P	Y	B	
U	O	D	J	K	H	N	E	V	E	S	I	Y		
T	Y	N	G	F	E	L	U	O	C	F	V			
G	J	V	T	N	S	U	J	D	R	T				

LAME NAMES

ADAM SAPPLE

ANITA BATH

BOB FRAPPLES

CARRIE OAKEY

CHRIS P. NUGGET

DENNIS TOFFICE

EARL E. BIRD

FRANK N. STEIN

GLADYS EEYA

HUGO FIRST

IDA WHANA

JED I. KNIGHT

JUSTIN CASE

KENNY DEWITT

LEO TARRED

MAY O'NAYS

NICK L. ANDIME

SHERI COLA

```
I A Y E E S Y D A L G R U J S
P C D N I C K L A N D I M E Y
M K H A I L E O T A R R E D A
Y S E R M E A N A H W A D I N
D E N N I S T O F F I C E K O
R L K S N S A S W W E F R N Y
I P H A H Y P P N L P M Y I A
B P T U O E D N P K F P V G M
E A A C G E R E U L N Q T H T
L R B F D O I I W G E A B T H
R F A T W S F R C I G E R Z R
A B T M O S F I R O T E W F
E O I L E F S R R A L T T
S B N V H M R U M S C A
E S A C N I T S U J T
```

WACKY WORD SEARCHES

LOL

BBL (Be Back Later)

BFN (Bye For Now)

BION (Believe It Or Not)

BRB (Be Right Back)

BTDTGTTS (Been There Done That Got The T-Shirt)

BTW (By The Way)

CYA (See Ya)

GA (Go Ahead)

GTG (Got To Go)

JK (Just Kidding)

LOL (Laughing Out Loud)

LTNS (Long Time No See)

MYOB (Mind Your Own Business)

OMG (Oh My Gosh)

QT (Cutie)

ROFL (Rolling On Floor Laughing)

TTFN (Tah Tah For Now)

WTG (Way To Go)

```
L  N  Q  G  H  L  W  W  G  D  Y  G  M  G  J

W  B  T  D  T  G  T  T  S  N  V  Z  A  I  Q

S  I  B  Z  R  G  C  Z  D  N  F  T  T  Y  H

B  O  Y  M  G  R  R  I  M  W  T  B  R  B  C

U  N  M  J  X  H  U  G  K  H  W  L  G  P  Y

N  J  P  Q  N  X  V  R  I  H  O  T  F  L  K

V  H  L  C  G  V  S  R  Q  L  P  B  Q  O  K

P  V  C  B  D  B  I  G  H  J  S  A  M  X  R

E  O  U  E  H  G  L  M  A  J  H  G  I  R  B

S  Z  Z  H  J  K  N  P  N  G  B  S  X  E  T

F  E  Q  G  N  V  J  B  M  J  H  P  Y  L  P

Q  K  N  Z  C  S  J  M  X  P  Q  D  R  O

U  P  V  K  Z  K  E  K  M  C  H  Y  P

J  W  M  S  Y  F  Y  N  R  R  S  U

R  C  G  F  H  A  N  X  Z  V  E
```

LOONEY LIBRARY

Search for the words listed in all CAPS.

Book Title	Written By
Attack of the Lion	CLAUDIA ARMOFF
Clean Up Your Yard	RAY CLEAVES
Danger!	LUKE OUT
Don't Hurt Me!	I. BRUCE EASLEY
Downpour!	WAYNE DWOPS
Tacky Clothes	POLLY ESTER
Falling Trees	TIM BURR
History of Texas	AL E. MOE
Hours in the Bathroom	R.U. DUNNYETT
I Don't Get It	ANITA CLEW
I Love Crowds	MORRIS MERRIER
Longest River in the US	MRS. HIPPIE
Old Furniture	ANNE TEAK
Remodeling Your House	BILL JEROME HOME
Snakes of the World	ANNA CONDA
The Broken Bed	SQUEAK E. SPRINGS
The Color of Eggs	SUMMER BROWN
The Fall of a Watermelon	S. PLATT

```
W P I B R U C E E A S L E Y Q
Q V C P O L L Y E S T E R R N
S H S T Q L A N M G O X G U Q
U R S R U S U A O N V H Q D A
M R E Y V P D N R I L L K U N
M U V X I O I N R R M U A N N
E B A W S W A A I P R K L N E
R M E E U D A C S S E E Y T
B I L L J E R O M E H O M E E
R T C C P N M N E K I U O T A
O C Y A Z Y O D R A P T E T K
W K A T J A F A R E P Q D G
N D R I Z W F K I U I F I
T B V N D X T S E Q E J
S P L A T T U J R S B
```

WACKY WORD SEARCHES

LOSE YOUR LUNCH

BARF

BLOW CHOW

BLOW CHUNKS

GAG

HACK

HEAVE

HURL

ILL

LOSE YOUR LUNCH

PAVEMENT PIZZA

PUKE

PURGE

RALPH

SPEW

TOSS YOUR COOKIES

UPCHUCK

VOMIT

YACK

```
H   I   A   K   Q   P   G   P   X   B   A   C   F   E   K
F   C   P   X   P   Y   M   G   Z   L   E   A   W   G   L
A   K   N   P   Z   R   A   M   N   O   R   K   S   R   B
X   K   D   U   D   B   E   C   P   W   J   H   U   U   Y
I   V   F   S   L   B   B   J   K   C   U   H   C   P   U
Z   Z   H   R   V   R   A   L   P   H   A   C   K   H   L
T   O   S   S   Y   O   U   R   C   O   O   K   I   E   S
X   I   N   G   G   C   F   O   F   W   O   O   L   A   U
G   B   S   V   P   K   T   O   Y   O   A   P   L   V   L
A   Z   Z   I   P   T   N   E   M   E   V   A   P   E   B
G   A   O   N   W   T   T   W   E   P   S   B   V   O   F
O   F   G   Z   S   K   N   U   H   C   W   O   L   B
Q   I   V   Z   H   F   E   C   V   Z   M   G   L
Z   L   L   W   F   C   N   K   K   I   P   Q
Z   Y   D   F   A   F   Z   J   T   R   G
```

WACKY WORD SEARCHES

MY NAME IS ...

ADAM MEWAY

ANITA BERGER

BARB DWYER

CHAD TERBOCKS

CHESTER DRAWERS

ELLA VADOR

HARMON IKKA

HUGH DEMANN

IDA HOE

IMA HOGG

IRA FUZE

IVANA TINKEL

JIM SHORTS

JOE KING

KENT COOK

LOU STOOTH

PETER PANZ

STU PITT

```
C  Y  N  F  H  A  R  M  O  N  I  K  K  A  G
D  H  N  E  L  L  A  V  A  D  O  R  N  D  Q
S  Y  A  W  E  M  M  A  D  A  V  I  V  Y  Q
W  L  M  D  P  A  L  O  U  S  T  O  O  T  H
C  H  E  S  T  E  R  D  R  A  W  E  R  S  A
S  G  D  K  Q  E  T  W  B  I  A  Y  Y  R  Y
T  G  H  Q  N  T  R  E  Y  W  D  B  R  A  B
R  P  G  J  N  I  R  B  R  H  M  A  T  Q  J
O  J  U  T  Y  G  T  I  O  P  W  Z  H  O  U
H  O  H  D  E  I  M  A  X  C  A  D  H  O  B
S  E  D  R  Z  A  O  I  N  X  K  N  F  A  E
M  K  K  S  H  I  F  J  S  A  N  S  Z  E
I  I  K  O  O  C  T  N  E  K  V  L  M
J  N  G  B  T  E  Z  U  F  A  R  I
S  G  S  T  U  P  I  T  T  P  J
```

WACKY WORD SEARCHES

53

OOPS! I DID IT AGAIN!

BABOON
BOOHOO
BUFFOON
DOODAD
DOOZY
GADZOOKS
GOOBER
GOOEY
GOOFY

GOOGLE
HOOLIGAN
NINCOMPOOP
PHOOEY
STOOGE
TOOT
VAVOOM
WHOOPEE
YAHOO

V	G	P	B	P	P	V	J	F	N	Q	G	W	F	B
S	X	S	K	O	O	Z	D	A	G	F	H	F	Y	J
L	B	U	F	F	O	O	N	H	T	R	Y	A	J	W
J	W	Y	E	O	O	H	P	L	D	F	H	O	C	N
X	V	U	E	D	B	Y	O	M	O	O	V	A	V	N
R	R	S	A	L	E	E	P	O	O	H	W	H	G	A
K	A	D	T	R	G	O	G	L	Z	C	K	B	X	G
Y	C	K	O	O	A	O	I	S	Y	D	N	X	V	R
M	D	Z	O	D	B	G	O	O	B	E	R	I	L	G
N	N	T	T	S	A	E	J	G	F	Y	B	H	N	X
V	S	U	K	N	B	B	C	S	R	L	X	D	F	J
Y	D	D	B	T	O	H	H	G	T	I	C	I	V	
Y	P	D	S	N	O	T	K	N	P	R	X	D		
X	U	R	R	I	N	H	Z	Z	Z	U	X			
K	Z	H	L	N	J	O	T	I	H	X				

WACKY WORD SEARCHES

55

A ROMP IN THE SWAMP

"A GIRL DRAGON!"

"A NOBLE STEED"

DONKEY

DULOC

FAR FAR AWAY

FIONA

"GO AWAY, DONKEY!"

"GOT A TIC-TAC®?"

"I AM PUSS IN BOOTS."

"I'M A REAL BOY!"

"I'M AN OGRE!"

"I'M MAKING WAFFLES!"

LORD FARQUAAD

"NOT MY BUTTONS!"

"OGRES HAVE LAYERS."

SHREK

THE SWAMP

"YOU'RE A MONSTER!"

```
O  G  R  E  S  H  A  V  E  L  A  Y  E  R  S
N  L  Q  N  A  N  O  B  L  E  S  T  E  E  D
N  D  A  A  U  Q  R  A  F  D  R  O  L  U  J
O  I  Y  A  W  A  R  A  F  R  A  F  F  O  E
T  K  B  M  T  F  J  R  K  C  F  I  O  N  A
M  E  R  E  T  S  N  O  M  A  E  R  U  O  Y
Y  R  V  H  U  P  M  A  W  S  E  H  T  K  M
B  H  I  M  A  N  O  G  R  E  E  O  C  N  T
U  S  T  O  O  B  N  I  S  S  U  P  M  A  I
T  S  N  A  G  I  R  L  D  R  A  G  O  N  A
T  L  I  W  K  G  O  T  A  T  I  C  T  A  C
O  G  O  A  W  A  Y  D  O  N  K  E  Y  O
N  I  M  A  R  E  A  L  B  O  Y  K  L
S  M  S  B  E  Y  M  N  A  V  E  U
I  K  B  W  E  I  M  P  I  U  D
```

57

SALLY, CHERIE, SOCKS AND SHEEP

Try reading each column out loud from top to bottom as fast as you can before you start your search. Now, do it again. And again. And again! Faster!

CHERIE'S	SILLY
SHOP	SALLY
STOCKS	SWIFTLY
SHORT	SHILLY-SHALLIED
SPOTTED	SEVEN
SOCKS	SHAVEN
SOLELY ON	SHEEP
SATURDAY'S	SOUTH
IN SUMMER.	IN SEPTEMBER.

```
N  M  U  S  N  S  O  C  K  S  P  N  I  L  K
W  O  Y  H  E  W  H  U  H  I  N  B  P  A  I
W  U  Y  I  H  I  B  O  E  L  J  B  J  X  O
O  B  T  L  N  F  R  N  P  L  H  V  B  S  F
X  G  S  L  E  T  U  E  X  Y  S  Q  S  Y  H
Z  H  E  Y  V  L  K  V  H  R  H  C  O  W  K
G  R  D  S  A  Y  O  E  K  C  G  M  I  W  O
B  S  T  H  H  D  X  S  A  R  A  C  Q  Q  T
Y  L  L  A  S  B  R  E  M  M  U  S  N  I  N
J  I  I  L  O  H  T  U  O  S  P  J  T  L  C
Q  R  C  L  J  E  E  S  T  O  C  K  S  C  Y
A  N  Y  I  W  J  M  E  T  A  O  H  C  C
J  P  R  E  B  M  E  T  P  E  S  N  I
C  A  K  D  F  H  E  W  I  N  B  U
A  R  G  X  X  D  K  Z  X  A  Q
```

THINGS THAT MAKE YOU GO HMMM ...

Search for these fun oxymorons!

ALL ALONE

BAD LUCK

EVEN ODDS

FREEZER BURN

FRONT END

JUMBO SHRIMP

JUNK FOOD

NEAR MISS

PLASTIC GLASSES

PRETTY UGLY

SECOND BEST

STILL MOVING

STUDENT TEACHER

TERRIBLY NICE

TOP FLOOR

WALL STREET

WHITE GOLD

WICKED GOOD

```
G  N  I  V  O  M  L  L  I  T  S  F  Y  B  P
X  Z  B  D  N  E  T  N  O  R  F  U  W  C  M
X  F  N  R  U  B  R  E  Z  E  E  R  F  O  P
P  S  S  I  M  R  A  E  N  H  D  W  B  X  S
M  G  D  O  O  G  D  E  K  C  I  W  I  P  D
I  K  E  N  O  L  A  L  L  A  O  Q  R  E  D
R  W  A  L  L  S  T  R  E  E  T  E  H  A  O
H  S  R  O  O  L  F  P  O  T  T  Z  A  F  N
S  E  S  S  A  L  G  C  I  T  S  A  L  P  E
O  T  E  R  R  I  B  L  Y  N  I  C  E  G  V
B  D  O  O  F  K  N  U  J  E  Y  Y  E  D  E
M  W  H  I  T  E  G  O  L  D  A  D  I  U
U  P  B  A  D  L  U  C  K  U  Y  Q  S
J  P  H  F  Y  H  K  B  R  T  B  R
W  S  E  C  O  N  D  B  E  S  T
```

STUPID PET NAMES

BUFFY
BUTTERCUP
BUTTONS
CONFETTI
COUNTESS
CREAMPUFF
CUDDLES
FLUFFY
HUGSY
KISSES
MISS PRISS
MR. TINKLES

MR. WIGGLESWORTH
MRS. TIGGIEWIGGIE
POOCHIE
SMOOCHIE
SNUGGLES
TWINKLE TOES

```
E  K  H  W  Y  S  E  L  D  D  U  C  M  C  L
I  I  F  Z  F  Y  M  U  K  B  H  L  R  H  W
G  U  H  W  V  V  X  O  U  H  G  C  T  D  W
G  T  R  C  W  C  U  T  O  K  Q  R  I  K  Z
I  C  W  C  O  V  T  A  R  C  O  Q  N  N  R
W  V  R  I  O  O  R  E  J  W  H  M  K  A  D
E  X  O  E  N  N  P  D  S  R  N  I  L  F  V
I  S  R  S  A  K  F  E  K  I  S  S  E  S  E
G  I  E  T  B  M  L  E  O  S  S  S  S  B  M
G  Y  B  L  G  G  P  E  T  E  V  P  M  H  H
I  N  Q  U  G  Y  B  U  T  T  E  R  C  U  P
T  S  B  I  F  G  K  N  F  O  I  I  G  W
S  G  W  Y  F  F  U  L  F  F  E  S  Z
R  R  L  D  Q  O  Y  N  V  K  Y  S
M  G  Z  O  C  E  P  O  S  Z  C
```

WACKY WORD SEARCHES

WACKY WORD PLAY

Search for the words listed in all CAPS.

COOKOUT
A cook's day off

DETAIL
Removing a tail

DOUGHNUT
Holey food

FEATHERBRAINED
Fuzzy-headed

GHOST TOWN
A town with haunted houses

HATCHET
What hens do to eggs

HEROES
What a guy does in a boat

HIGH SCHOOL
A classroom on the top floor

ILLEGAL
A sick bird

LITTLE DIPPER
A small boy swimming

MISTLETOE
When you're missing a toe

MOTHBALL
A dance for moths

QUARTERBACK
$.25 in change

RELIEF
What trees do in spring

REMIND
A brain transplant

WILDLIFE
Having fun!

WOODCHUCK
Throwing wood

WORKOUT
An outside job

```
J  T  U  V  L  E  T  U  N  H  G  U  O  D  D
G  G  X  R  O  T  U  O  K  R  O  W  E  G  C
H  T  F  E  O  F  O  T  Q  V  M  N  H  S  V
D  C  Q  P  H  Y  K  D  U  H  I  O  E  L  Y
N  S  S  P  C  U  O  U  A  A  S  F  R  W  P
I  W  G  I  S  A  O  X  R  T  T  L  O  U  T
M  I  I  D  H  T  C  B  T  C  L  L  E  X  F
E  L  L  E  G  C  R  O  E  H  E  A  S  F  A
R  D  L  L  I  E  W  B  R  E  T  B  H  N  I
E  L  E  T  H  N  O  I  B  T  O  H  X  I  D
L  I  G  T  Q  Q  B  X  A  D  E  T  A  I  L
I  F  A  I  K  C  U  H  C  D  O  O  W  Q
E  E  L  L  L  K  Y  H  K  O  W  M  C
F  G  N  S  W  X  E  Z  O  P  V  C
S  T  H  T  Y  R  B  W  Z  E  Q
```

WACKY WORD SEARCHES

WHAT DO YOU CALL A ...

Search for the words listed in all CAPS.

Centipede crossed with a parrot?
WALKIE TALKIE

Clock being thrown out the window?
TIME FLIES

Country in a rush?
RUSSIA

Couple of kids in a tree?
PAIR

Dinosaur playing golf?
TEE REX

Dog with no legs?
STAY

Guy trapped in a frame on the wall?
ART

Movie rated "Arrrgh!"?
PIRATE MOVIE

Pair of twins hanging over a window?
CURT AND ROD

Person who runs at top speed?
MAX

Sad baby chick?
BLUEBIRD

Skeleton who won't cross the road?
NO GUTS

Teddy bear after dinner?
STUFFED

Two women on your roof?
EVES

What a bee drives?
BEE-M-W

Thing that starts, ends and is filled with T?
TEAPOT

```
K V G I A N Q U D Y Z A F O X
K T I N K Q P H Y D A C U M S
D Y O Z K F X E R E E T F X M
T E C P S U S I Q E P H S N S
P V F T A H B K N I A H P I Q
B S F F A E D L R L I K R K E
K E A C U R T A N D R O D Q Z
J I O L B T T T B I U U Y D R
Z L B H G E S E V L S X J C J
U F M A M N E I U G S A M L S
F E E O O M V K V M I O I Y F
O M V G W Q E L I C A V P L
K I U G H F C A V H Z X Y
E T Y W N Q S W L C Q B
S B R F D T K U S J P
```

WACKY WORD SEARCHES

67

WHATCHAMACALLIT?

CONTRAPTION
DOODAD
DOOFUNNY
DOOHICKEY
DOOJIGGER
FANDANGLE
FLUMADIDDLE
GIMMICK
GIZMO

RIGAMAJIG
THINGAMABOB
THINGAMADOODLE
THINGAMAJIG
THINGY
WHAT'S-ITS-NAME
WHOSEE-WHATSEE
WHOSIT
WIDGET

```
N  Y  I  E  T  H  I  N  G  Y  I  W  O  C  Y
F  F  S  L  H  I  O  Q  D  Z  G  Y  O  N  E
E  L  D  D  I  D  A  M  U  L  F  N  N  E  K
G  G  L  O  N  W  H  O  S  I  T  U  S  S  C
I  I  T  O  G  H  P  D  E  R  F  T  H  V  I
J  J  E  D  A  A  B  C  A  O  A  S  T  N  H
A  A  N  A  M  T  V  P  O  H  K  W  D  R  O
M  M  C  M  A  S  T  D  W  T  C  G  O  L  O
A  A  B  A  B  I  R  E  G  G  I  J  O  O  D
G  G  Q  G  O  T  E  G  I  Z  M  O  D  O  U
N  I  F  N  B  S  J  I  A  Q  M  H  A  I  Q
I  R  P  I  O  N  T  E  G  D  I  W  D  U
H  P  B  H  F  A  N  D  A  N  G  L  E
T  J  W  T  K  M  X  C  D  M  H  W
G  X  Z  X  W  E  D  J  K  M  L
```

WACKY WORD SEARCHES

69

WHAT'S IN A NAME?

Search for the words listed in all CAPS.

What do you name a . . .

Woman in your dishwater?
DAWN

Woman in your garden?
LILY

Man hanging on a wall?
ART

Man hit by lightning?
ROD

Man holding a chain?
LINK

Man laying on your doorstep?
MATT

Man on a BBQ grill?
FRANK

Man on a golf course?
CHIP

Man on a stage?
MIKE

Man sitting on a hill?
CLIFF

Man throwing up?
CHUCK

Man trapped in a bottle?
POP

Man water-skiing?
SKIP

Man who floats?
BOB

Man praying?
NEIL

Woman in a vase?
ROSE

Woman in a hole?
PEG

Woman lying on a beach?
SANDY

C	M	Z	V	B	W	Y	D	E	W	J	D	I	R	H
P	N	I	D	T	A	P	S	M	Y	K	I	W	D	B
T	L	X	F	T	D	O	K	D	A	W	N	H	D	P
A	H	X	A	F	R	A	N	K	O	T	N	H	T	E
T	T	R	L	B	I	A	I	Q	F	R	T	U	G	O
J	T	C	O	S	S	L	L	D	Z	E	A	S	N	Y
E	Q	Z	O	O	T	I	C	H	U	C	K	C	B	N
B	C	Y	A	A	E	L	Y	C	H	I	S	I	H	H
G	O	V	S	N	L	Y	C	I	P	B	G	X	M	Y
D	W	F	H	P	P	K	P	E	G	O	I	E	J	Q
P	J	J	L	P	G	N	X	I	T	B	P	Y	Z	K
D	Y	B	X	U	J	L	C	J	X	V	C	P	A	
A	P	M	H	W	E	X	J	W	F	U	I	V		
H	N	I	S	J	T	K	N	J	Z	S	Z			
W	U	K	B	C	G	E	O	H	T	X				

WACKY WORD SEARCHES

WHAT'S THE 411?

Search for the words listed in all CAPS.

BLING BLING (jewelry)

BOO (girlfriend or boyfriend)

BOUNCE (gotta go)

CHILL (relax)

CRIB (your home)

DISS (disrespect)

FLOSSIN' (showing off)

GIVE PROPS (say thanks)

HOMEY (friend)

ICE (diamonds)

ILL (wrong)

PHAT (cool)

RIDE (car/transportation)

SHORTY (girlfriend)

SWEET (great)

UNITS (parents)

WASSUP? (What's up?)

YO! (Hi/Hey!)

```
Y  J  W  S  O  N  W  C  V  K  Y  E  D  X  P
V  B  I  T  E  E  W  S  J  L  E  E  B  U  M
H  W  O  D  K  R  C  A  I  J  W  P  B  O  O
U  F  I  K  C  G  N  I  S  S  O  L  F  J  J
D  R  M  A  I  S  J  I  S  S  I  D  Y  L  B
P  W  H  G  D  N  S  T  I  N  U  T  T  I  F
Q  P  K  K  K  R  Q  R  G  N  T  P  R  U  T
E  B  X  B  Z  L  M  B  S  M  Q  U  O  A  U
B  U  O  O  F  L  L  F  I  S  M  F  H  Q  O
Y  M  T  U  G  I  V  E  P  R  O  P  S  H  V
C  D  A  P  N  H  O  M  E  Y  C  F  K  E  F
Z  G  C  G  R  C  G  G  R  V  J  J  D  C
Q  Y  X  S  Q  A  E  W  H  J  P  X  K
W  W  V  O  Q  C  W  Q  K  X  P  F
X  U  M  Q  D  Y  B  W  D  J  J
```

WACKY WORD SEARCHES

WHEN GOOD FOOD GOES BAD

BITTER JUICE
BRUISED BANANAS
BURNT TOAST
CHUNKY GRAVY
CURDLED MILK
FLAT SODA
GREEN CHEESE
LIMP LETTUCE
MOLDY MAYO
MUSHY MELON
RANCID MEAT

ROTTEN EGGS
SOGGY CEREAL
SOUPY ICE CREAM
SOUR GRAPES
STALE CRACKERS
STINKY TUNA
YESTERDAY'S SUSHI

```
I  M  A  E  R  C  E  C  I  Y  P  U  O  S  U
C  S  A  N  A  N  A  B  D  E  S  I  U  R  B
H  T  C  G  L  P  H  I  G  S  N  S  I  S  M
U  A  U  R  A  J  T  T  Y  T  O  E  A  T  O
N  L  R  E  E  C  U  T  T  E  L  P  M  I  L
K  E  D  E  R  R  T  E  S  R  E  A  A  N  D
Y  C  L  N  E  O  A  R  A  D  M  R  D  K  Y
G  R  E  C  C  T  E  J  O  A  Y  G  O  Y  M
R  A  D  H  Y  T  M  U  T  Y  H  R  S  T  A
A  C  M  E  G  E  D  I  T  S  S  U  T  U  Y
V  K  I  E  G  N  I  C  N  S  U  O  A  N  O
Y  E  L  S  O  E  C  E  R  U  M  S  L  A
Y  R  K  E  S  G  N  O  U  S  V  S  F
P  S  Y  J  G  G  A  C  B  H  M  J
Y  V  U  F  P  S  R  L  S  I  I
```

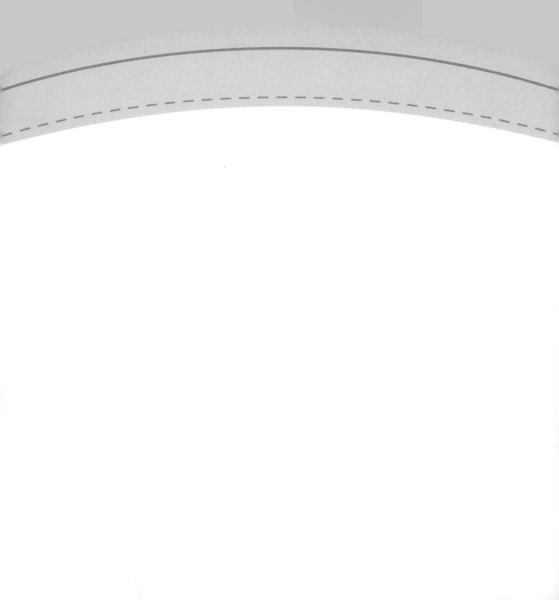

SOLUTIONS

SOLUTIONS

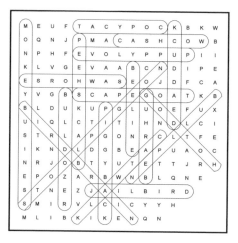

ANIMAL TALK—PAGE 6

BOYS WILL BE BOYS—PAGE 8

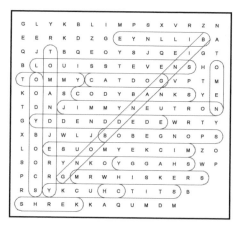

SOLUTIONS

BUTTER, BUGS & BEARS—PAGE 10

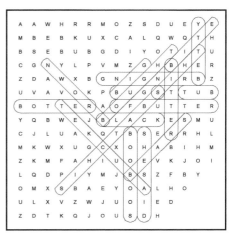

A DOSE OF GROSS—PAGE 12

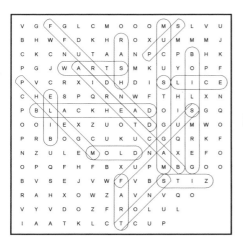

WACKY WORD SEARCHES

SOLUTIONS

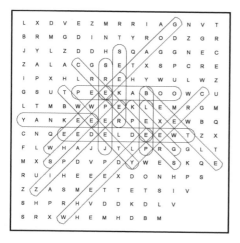

EEK!—PAGE 14

FINDING WHO?—PAGE 16

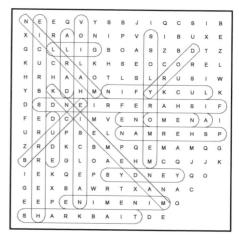

SOLUTIONS

FREAKS OF NATURE—PAGE 18

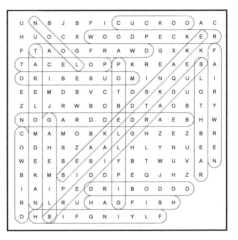

FUNNY PHRASES—PAGE 20

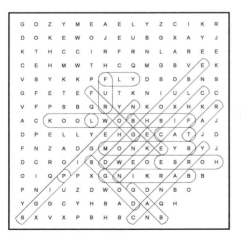

WACKY WORD SEARCHES

SOLUTIONS

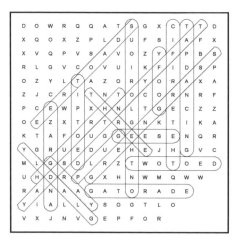

GATORADE AND TAFFY—PAGE 22

GO FIGURE ... —PAGE 24

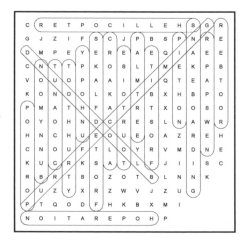

SOLUTIONS

GO BERSERK!—PAGE 26

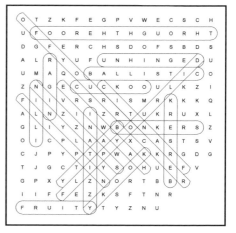

**GOTTA GO, GOTTA GO,
GOTTA GO!—PAGE 28**

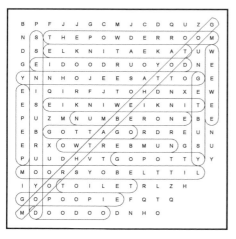

WACKY WORD SEARCHES

SOLUTIONS

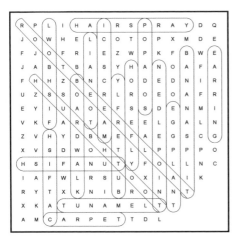

HAVE YOU EVER SEEN A ... —PAGE 30

I SAY, I SAY, BOY!—PAGE 32

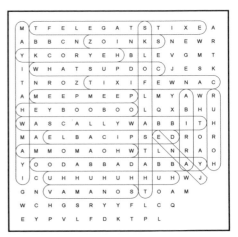

SOLUTIONS

IT'S A GIRL THING—PAGE 34

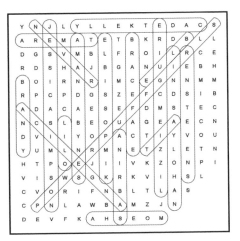

IT'S HIP TO BE SQUARE(PANTS)
—PAGE 36

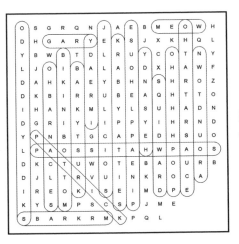

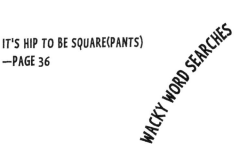

85

SOLUTIONS

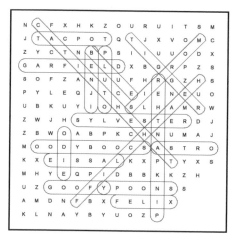

IT'S RAINING CATS AND DOGS—PAGE 38

IT'S YOUR YUCKY DAY!—PAGE 40

SOLUTIONS

KNOCK, KNOCK ... —PAGE 42

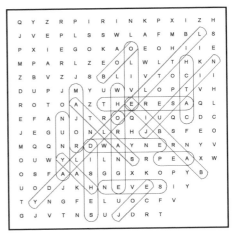

LAME NAMES—PAGE 44

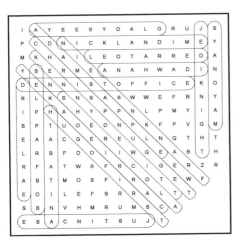

SOLUTIONS

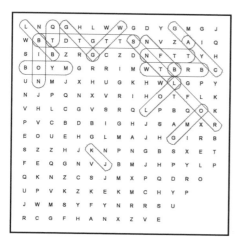

LOL—PAGE 46

LOONEY LIBRARY—PAGE 48

SOLUTIONS

LOSE YOUR LUNCH—PAGE 50

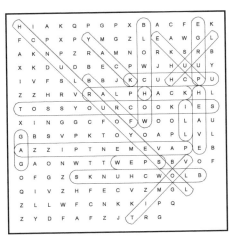

MY NAME IS . . . —PAGE 52

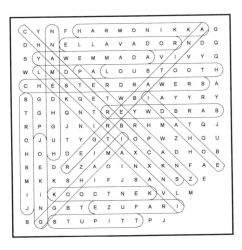

SOLUTIONS

OOPS! I DID IT AGAIN!—PAGE 54

A ROMP IN THE SWAMP—PAGE 56

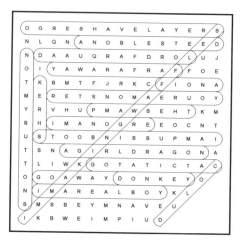

SOLUTIONS

SALLY, CHERIE, SOCKS AND SHEEP—PAGE 58

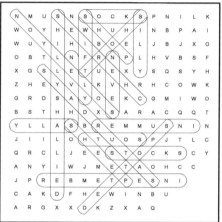

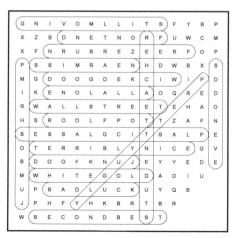

THINGS THAT MAKE YOU GO HMMM ...
—PAGE 60

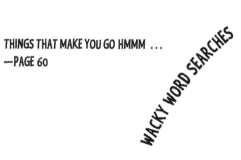

WACKY WORD SEARCHES

SOLUTIONS

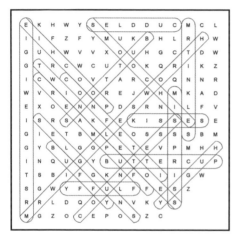

STUPID PET NAMES—PAGE 62

WACKY WORD PLAY—PAGE 64

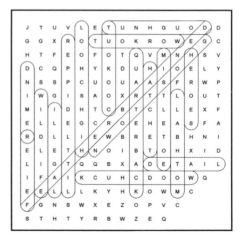

SOLUTIONS

WHAT DO YOU CALL A . . . —PAGE 66

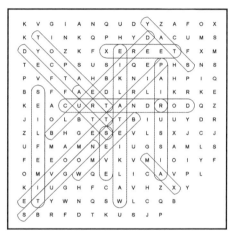

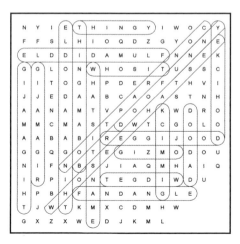

WHATCHAMACALLIT?—PAGE 68

WACKY WORD SEARCHES

SOLUTIONS

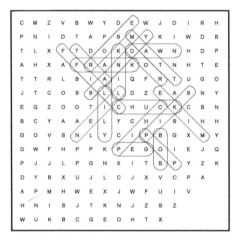

WHAT'S IN A NAME?—PAGE 70

WHAT'S THE 411?—PAGE 72

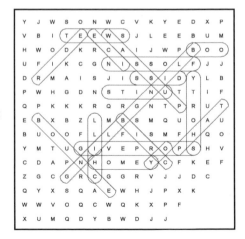

WHEN GOOD FOOD GOES BAD—PAGE 74

I	M	A	E	R	C	E	C	I	Y	P	U	O	S	U
C	S	A	N	A	N	A	B	D	E	S	I	U	R	B
H	T	C	G	L	P	H	I	G	S	N	S	I	S	M
U	A	U	R	A	J	T	T	Y	T	O	E	A	T	O
N	L	R	E	E	C	U	T	T	E	L	P	M	I	L
K	E	D	E	R	R	T	E	S	R	E	A	A	N	D
Y	C	L	N	E	O	A	R	A	D	M	R	D	K	Y
G	R	E	C	C	T	E	J	O	A	Y	G	O	Y	M
R	A	D	H	Y	T	M	U	T	Y	H	R	S	T	A
A	C	M	E	G	E	D	I	T	S	S	U	T	U	Y
V	K	I	E	G	N	I	C	N	S	U	O	A	N	O
Y	E	L	S	O	E	C	E	R	U	M	S	L	A	
Y	R	K	E	S	G	N	O	U	S	V	S	F		
P	S	Y	J	G	G	A	C	B	H	M	J			
Y	V	U	F	P	S	R	L	S	I					

WACKY WORD SEARCHES

ABOUT THE AUTHOR

A big kid at heart, CHERIE MARTORANA ZAMBERNARDI is the author of *Word Searches* from the Armchair Puzzlers™ series of game/puzzle books and *Wacky Word Searches* from the Made You Laugh™ series. She's celebrating her 12-year career in the game industry and has been conducting radio and television interviews nationwide for the last decade. She encourages people of all ages to "make time for playtime," a mantra she truly believes in.

Cherie lives, works and plays in Tewksbury, MA with her youthful husband, Mark. They keep busy raising an ever-growing family of cats and dogs, who love a good word search book—especially if it means eating it!